LA

GALERIE

DE

FLORENCE.

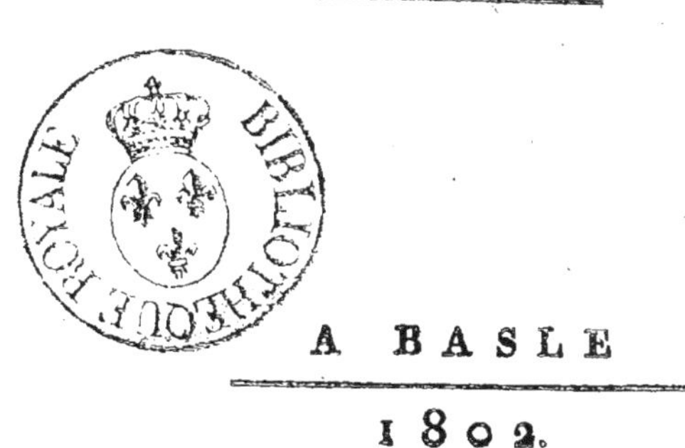

A BASLE

1802.

LA
GALERIE
DE
FLORENCE

A PARIS

1803.

GALERIE DE FLORENCE.

LA Galerie de Florence est célèbre dans
toute l'Europe: Elle est la plus belle, comme la
plus riche collection, en fait de monumens des
arts, & particulierement de ceux mêmes, qui faisoient l'admiration des anciens, & qu'on a su sou-
straire à la succession des Siecles, & aux ravages
des tems.

FONDATEURS, ET MECÉNÉS.

La famille des Medicis ayant fait une fortune
immense dans la Commerce du Levant, etoit par-
venue à avoir un êtat, & un credit, qui alloit de
pair avec celui des souverains de son siecle. Ce
sont les Medicis qui, les premiers, ouvrirent les yeux
sur les beautés des ouvrages des anciéns artistes;
car ils reünirent tout ce qui etoit connu de plus
precieux de leur temps; aumoins, ce que l'on
jugeoit être de la plus haute perfection. C'est le
resultat de leurs soins, de leurs recherches, qui
constitue aujourdhui ce vaste ensemble, qu'on appelle la Galerie de Florence.

Côme, qui merita le beau nom de PERE de la
PATRIE, au milieu du quinzieme siecle, s'occupa
d'embellir la ville, en elevant des Edifices somp-
tueux, en ornant ses beaux palais de tout ce qu'il
y avoit alors de plus rare en sculpture ancienne.

Pour se former une idée de ce qu'il a pu faire,
avec son goût naturel, & ses richesses, il suffit de

A

se

se rapeller qu'il etoit l'ami de *Donatelle*, & de *Michelozzo*.

Laurent, qu'on surnomme le Magnifique, encouragea par ses liberalités, l'art de graver en pierre dure, ainsi qu'un nouveau genre de travail en pierres fines, qui surpasse beaucoup les Mosaïques par sa difficulté, par sa richesse. Il forma une superbe collection de médailles anciennes; il fut le mécéne de presque tous les artistes; il aima *Michel-ange*, qui commença sa carriere dans la sculpture, par cette bizzarre tête du Faune, par laquelle les plus grands maitres pourroient se glorifier d'achever la leur. Après que ce grand-homme, qui a si bien exercé la plume de Roscow, eut rassemblé en assez grand nombre les statues, les bas-reliefs antiques, & tableaux des meilleurs maitres, il etablit une école de peinture, & de sculpture, d'où prit naissance la célèbre Ecole de Florence, qui se distingua d'une maniere éclatante d'aprés l'etude de l'antique.

Pierre son fils, elève de *Politien*, etoit fort instruit; Il auroit, sans doute, suivi l'exemple de son père; mais il fut chassé de sa Patrie en 1494. & ce que ses ancètres avoient requeilli, fut vendu à l'enchere, & dispersé: mais le goût cheri pour les arts ne fut pas eteint pour-cela dans cette Famille; Elle ramassa en 1512. tout ce qu'il lui fut possible de rétrouver. Alexandre fut declaré (en 1530) I. Duc de Florence: on connoit bien quel en fut le sort.

Côme I. Lui succeda en 1537. Ce fut Lui, qui voulant reunir dans un seul endroit les differens départemens de la magistrature, fit elever, en 1564., par *George Vasari*, peintre, architecte

& histo-

& historien, un des plus beaux édifices, qu'il y ait, peut-être, en Italie: C'est le local de la Galerie d'aujourdhui.

François I. qui succeda à Côme, employa *Bernard Buontalenti* (dont le genie est si connu) pour bâtir la Tribune, cabinet incomparable, au quel les connoisseur n'approchoient qu'avec un doux fremissement, mêlé d'une sorte d'adoration.

Monté sur le trône de la Toscane, Ferdinand I. il fit d'abord transporter dans la Galerie une grande partie des curiosités, qu'il avoit rassemblées lors de son séjour à Rome.

Côme II. son fils, mourut très jeune: mais Ferdinand II., le fondateur de l'academie du *Cimento*, lié bien plus par une amitié raisonnée, que par la nature, avec le Cardinal Leopold son frere, il suivit entierement son goût, & fut son emule dans la recherche des chefs d'oeuvre de l'art: amateur instruit des beaux arts, il tacha d'acquerir sans epargne, & même avec generosité, dans les villes de Bologne, de Rome, & jusque dans l'ancienne Mauritanie, tout ce qu il y pouvoit obtenir, en fait de beaux monuments, soit en peinture, sculpture, inscriptions ec., ce fut lui qui acheta l'Ermaphrodite; la belle tête qu'on croit un Ciceron; l'Idole en bronze, regardé comme le plus beau des ouvrages anciens en metal; & la voluptueuse Venus du Titien ec., chef-d'-oeuvre dans son genre: Il mourut en 1670. & Côme III. son fils, qui sentit assez tôt combien une si riche collection relevoit l'éclat de sa famille, n'oublia rien pour l'enrichir. Il commença par y faire placer tout ce qu'il avoit herité des Ducs d'Urbin, de la maison de la *Rovere*, dont Ferdinand II. avoit epousé

A 2

l'heril'heritiere ; & toutes les curieusités innombrables, que le Cardinal Leopold, son oncle, conservoit dans le palais Pitti ; le buste colossal d'Antinous ; la Belle Susanne, tableau du *Dominichino*, dont le même Grand-duc fit, depuis, present à l'Electeur Palatin ec. ec. Entre les hommes célèbres, qui flenirent en ces temps dans Florence, en compte *Magalotti* physicien ; *Bellini* grand anatomiste : *Viviani* Mathematicien : *Redi*, qui fit une revolution heureuse dans la medicine, & qui sut si bien interroger la nature ; le Senateur *Filicaïa*, qui chanta souvent en Italien comme le fier Pindare avoit toujours chanté en grec ; *Micheli*, le Linnéus de son temps, le cardinal *Noris*, qui à l'aide d'une médaille fouillà dans l'antiquité la plus reculée, & sut fixer des epoques très-intéressantes ; *Magliabechi*, qui savoit tout par sa grande memoire, ec. ec. tout ces hommes illustres, qui parurent à la fois, honorerent le régne de leur Souverain, & la glorie litterarie de leur Patrie.

Jean-Gaston, qui eut la douleur de voir de son vivant les princes de l'Europe se disputer sa succession, deposa dans la Galerie une collection de plus de 300. pierres precieuses, admirablement bien gravées : Ce fut aussi sous ses auspices, que plusieurs gentils-hommes florentins se proposerent de publier les pieces les plus remarquables de l'antiquité en tout genre, qu'on gardoit dans les riches cabinets de leur païs, & sur tout dans la Galerie Royale. Ce projet vaste & hardi, monument heureux du genie de la noblesse florentine, fut éxécuté avec toute la magnificence qu'on pouvoit souhaiter. L'ouvrage fut achevé en 1762. avec une nouvelle dedicace à l'Empereur François I. Il n'y

a perà personne, qui ne connoisse l'ouvrage intitulé le *Museum Florentinum*.

François I. de la maison de Lorraine, grand Prince, & citoyen vertueux, sut respecter la Toscane qu'il ne voulut point priver d'un si precieux trésor, pour procurer à soi-même la satisfaction d'en jouir. Il donna même des Loix, pour que la Galerie ne perdit point ses richesses. Il acheta des medailles, & des bronzes de plusieurs espèces, mais tous de la derniere rarété, que *Charles Stendardi* avoit apportés d'Alger en 1753. D'autres medailles furent trouvées à S. *Miniato al Tedesco*, toutes consulaires, parmi les quelles *Antoine Cocchi*, Custode, ou garde du cabinet des medailles, en choisit mille des plus precieuses.

Le feu prit, le 12. Août 1762. dans le bâtiment de la Galerie; si elle eut été detruite la perte auroit été irreparable; mais heureusement le dommage se reduisit à peu de chose.

L'événement du Gran-Duc Pierre Leopold au trône, en 1765., fixa une nouvelle époque dans l'éclat de la galerie. Il commença par acheter la grande collection des portraits des peintres, qui étoit chez l'abbé *Pazzi*, graveur florentin: c'est une suite de la premiere collection, quoique moins belle. C'est aussi par son ordre, que la Galerie fut enrichie des statues de la Niobe; de la Venus qui sort de la mer: du petit Apollon, modèle, peut être, unique d'une jeunesse florissante; de l'Endimion, & de la Sibille Samienne, deux tableaux charmants du Guercino, du Festin de Baltassar du Martinelli; du Massacre des innocens, par Daniel de Volterra; de la présentation au temple, par frere Barthelemi de S. Marc; du celebre Jesus mort,

A 3   qui

qui étoit à Luco, (maintenant au Palais Pitti) d'Andrea del Sarto ; du S. Ivo du *Chimenti*, dit *Empoli*; du gran tableau, qui etoit à Arezzo par Barocci, ec. ec. Des collections etrusques appartenantes aux familles *Galluzzi*, & *Bucelli*; & d'une quantité prodigieuse de medailles & d'autres morceaux très-interessants.

Leopold fit bien plus ; après avoir separé les interêts de l'Etat & de la Couronne, de son patrimoine personel, il fit present de sa Galerie à la Nation, en la declarant une proprieté de l'Etat.

On conservoit dans la Galerie, selon le goût des tems, plusieurs bagattelles de peu de merite, comme des armes, des armures, des ouvrages de tour : Leopold les fit separer pour faire place aux chefs-d'-œuvre dont il destinoit de l'enrichir. Il en ôta aussi quelques instruments de Physique, qu'on y avoit deposé, ainsi que la riche collection d'histoire naturelle rammassée par *Rumphius*, *Stenon*, *Redi* ec. qu'il consacra a faire le fond du superbe Musée, ou Cabinet d'histoire naturelle, & de Physique, dont il fut le fondateur. On comptoit dans la ville plusieurs Cabinets de ce genre, tels que ceux de Micheli, des deux Targioni, de Fabbrini, Nofreschi, Mesny, Bracci, ec. ec. il falloit que le Souverain eut aussi le sien, & qu'il fut digne de lui.

FERDINANDE III. Fils & successeur de Leopold porta sur le Trône les mêmes sentimens de goût, de grandeur, de generosité. La Galerie fut un de ses objets cheris. Il fit faire, un nouvel choix parmi les Tableaux de son propre Palais, & de ses maisons de campagne, pour le donner à la Galerie. Il chargea ses Ministres de procu-

curer en France des beaux morceaux des meilleurs
artistes françois. Il proposa & effectua des echan-
ges avec la collection de Vienne. Il acheta des
desseins, des gravures, des Tableaux ec. ec. le
tout pour enrichir la Galerie Florentine.

*Gardes de la Galerie, depuis l'Empereur
François I.*

Ce grand EMPORIUM des arts fut confié au
Custode Sebastiano Bianchi, qui etoit chargé de le
surveiller, & d'en permettre la contemplation au
Public. Le celèbre *Antoine Cocchi* lui succeda ; &
à ce lui ci, *Remond* son fils, avec le tître de Cu-
STODE Antiquaire. Le Chanoine *Querci* vint ensuite; & puis le directeur *Pelli*, sous la direction du
quel furent faites les dernieres reformes & additions
de Leopold, dans ce bel etablissement. Ce Directeur, enfin, par une promotion bien meritée,
autant pour ses talens, que par ses services, fut passé
à un plus riche Employ.

Le Chevalier *Puccini*, qui lui a succedé, a
donné une nouvelle disposition à plusieurs pieces
de la Galerie; en sorte qu'elle se presente actuellement dans l'ordre, que nous allons indiquer,
apres avoir donné une idée des savans, qui en ont
publié des catalogues, & des illustrations partielles, ou générales.

Auteurs, qui ont publié des ecrits sur la Galerie.

La description genèrale de cette Galerie fût
commencée, il y a plusieurs années, sous le tître
de *Museum Florentinum*, comme nous avons dit
 ci

ci dessus, publiée par le Senateur *Buonarroti*: il y a dejà onze Vol. in *folio* de cet ouvrage, dont six pour les cabinets & pour les Plafonds, que *Orsini* fit graver, & dont *Manni* donna la Description: Quattre autres volumes pour les peintres; & le dernier, qui parut en 1762. contient des statues, & pierres gravées.

Mais il y a des illustrations particulières, qui ont precedé & suivi ce grand ouvrage, ainsi que des descriptions, ou plutôt des Catalogues, qui ont l'avantage d'etre moins volumineux, & par consequent plus commodes pour les voyageurs.

Il n'y a presqu'un seul voyageur en Italie, qui n'ait parlé de la Galerie de Florence. Il faut voir sur tout l'Ouvrage du Comte de Stollberg publié à Konigsberg & Leipzig en 1794. sous le tître: Reise in Deut-schland, der Schweitz, Italien, und Sicilien: parcequ'il fait un parallele interessant entre les Tableaux qu'on voyoit au Palais Pitti, & ceux de la Galerie.

Pierre Fitton & *Camelli*, donnerent une exacte description des Medailles: Le Cardinal *Noris* les illustra aussi, en y portant les connoissance qu'on voit dans son ouvrage sur les Epoques Siro Macedoniennes.

On peut considerer comme une illustration des mêmes medailles de la Galerie de Florence, le travail que *Mezzabarba* fit sur les ecrits d'*Adolphe Occone*, de *Vaillant*, & *Bandurius*.

Eckel, Marin, Cinelli, Amaduzzi, Borghini, Caylus, Morcelli, Passeri, Corsini, Gottifredi, Maffei, Algarotti, Foggini, Bassetti, Bocchi, Chamillard, Addisson, Vandale, Swinton, Lafreri,

d'And'Ancarville, Lastri, Denina, sont autant d'ecrivains, qu'on doit ranger parmi ceux, qui ont eu quelque part à des illustrations partielles de quelques morceaux precieux de la Galerie.

L'*Etruria Regalis* de Dempster peut être consideré aussi, comme une illustration de la Galerie Royale.

Le Prevôt Gori, dans son Recueil d'inscriptions Toscanes, & dans son Musée Etrusque, publié en 1726., a illustré plusieurs objets, qui se conservent dans la Galerie.

Le Docteur Cocchi, qui etoit *Custode* de cet Etablissement, publia, entr'autres choses l'illustration d'un manuscript en cire de Philip-le-Bel.

Le prelat Angelo Fabbroni donna une illustration du groupe de la famille de Niobe, avec des Planches.

L'Abbé Bracci donna la gravure & description d'un Bouclier (*Clipeo Votivo*) dans ses ouvrages.

Le *Custode* Adam Fabbroni publia des brochures, dont l'une sous le tître de *Simulacro di nuova Venere*; l'autre dell'*Ariete Gutturato*, une troisieme sur *la Farfalla Simbolo Egiziano*; une autre sur le *Genie de Rome*; une note sur le Morphée en *marbre Ossidien ec.* qui sont autant d'illustrations de quelques morceaux en marbres de la Galerie.

Quant aux descriptions nominales, ou Catalogues, Sebastien Bianchi, *Custode* de la Galerie, fut le premier, qui donna un detail des objets precieux qu'on lui avoit confié.

Le Directeur Pelli publia son *Saggio Istorico* de la Galerie, ouvrage rempli de recherches inte-

teressantes : Et on voit par les Nouvelles Litterai-
res de Florence pour l'année 1784. qu'il a redigé
un grand Catalogue, très detaillé des medailles,
& Pierres gravées, qui en 17. Volumes *in folio*,
se conserve dans les Archives de cet etablissement .

L'Abbé *Lanzi*, adjoint au directeur Pelli, &
aujourdhui Antiquaire Royal, donna une description de la Galerie, qui parut d'abord dans le
Journal de Pise, & dont La-Lande profita pour
une rèimpression de ses voyages . On doit considerer comme des illustration partielles de la Galerie, les ouvrages que cet antiquaire à publié ensuite ; C'et-à-dire l'Essai sur la langue Etrusque,
& l'histoire de la Peinture .

Zacchiroli publia à Florence une description
de la Galerie, en François, dont les matériaux
paroissent tirés des ouvrages de Pelli, & de Lanzi.

La Lande en avoit dejà donné une description
françoise dans ses voyages, ce qui avoit été fait
aussi par d'autres voyageurs; mais on ne les trouve pas separées : L'Abbé Richard en donna une
aussi, dans le troisième tome de ses ouvrages.

Bernoulli, en copiant à peu-près La Lande,
en a donné une description en allemand.

Deux reimpressions de l'ouvrage de Zacchiroli furent faites ensuite à Florence : Deux à Arezzo, avec plusieurs additions, & sans les epigram-
mes que Zacchiroli avoit, de tems en tems, ajouté
aux differents objets, qu'il decrivoit.

Outre les description de cette Galerie en An-
glois, Svedois ec. il y en a eu une en Italien, qui
fut reimprimée trois fois à Florence, avec des additions, & corrections relatives aux changemens,
qu'on

qu'on a introduit dans la disposition & dans l'ordre
des objets en peu d'années ; mais on n'en trouve
plus un seul exemplaire.

C'est pour quoi nous nous sommes determinés à
republier la description qui suit, croyant de faire
un vrai plasir aux Voyageurs, qui doivent nous
savoir bon grê de nôtre peine. Ceux qui vont voir
la Galerie ne cherchent pas tant un professeur, qui
leur explique ce qu'ils voyent, mais un Guide qui
leur indique ce qu'il y a de remarquable à voir.

Escalier.

Aubas de l'Escalier, & tout auprès de la porte
d'entrée, on voit quelques inscriptions greques, &
latines, gravées en grands caractères sur des bases
en marbre.

Entre les deux fenêtres, qui eclairent l'escalier,
on voit un Bacchus en marbre, qui ressemble celui
du Musée de Rome, excepté la peau de chevre, qui
lui tombe des epaules, & la position du bras gauche:
vis-à-vis, il y a un Enfant tout antique, d'une beau-
te singuliere; mais on ignore le sujet qu'il réprésente : Il est nu ; la tête couronnée, & d'un air extremement gracieux.

Vestibule.

Le Vestibule est comme partagé en deux ; On
a placé dans ce que j'appellerai *l'entrée*, les Bustes
des Princes, qui ont fondé, ou enrichi la Galerie ;
Il y en a quelques uns en Porphire ; & sont tous decorés avec une inscription analogue, Côme connut
la methode pour tremper les ciseaux de maniere à
les

les rendre capable de picquer le porphire. Tadda
fut le premier à en faire usage; Curradi le reçut
de lui, & fit le portrait en porphire de Côme second:
Il mourut capucin en 1555. On y a ajouté depuis
peu les deux bustes de Laurent, & de Jean de Medicis, surnommé le Grand-Capitain. Quoique ces
deux Bustes appartiennent à la maison des Medicis,
on ne sait, que le second surtout, ait contribué à
l'embellissement de la Galerie. On voit à côté de
la Porte un Mars gradivus en bronze, tout nu, couvert de son casque, tenant un bâton de la main droite, & de la gauche une arme. De l'autre côté est
un Silène avec un petit Bacchus dans ses bras. C'est
une superbe copie en bronze, faite sur le beau modèle
de *Villa Pinciana*, dont on fait beaucoup de cas, sur
tout pour la forme de ses belles jambes. (Mus. Cap.
T. 3. p. 70.) Une tête d'Ecate triforme; & deux
autres têtes, dont le tipe est inconnu, sont au dessus de la Porte. Quattre Bas-reliefs représentans une
Fête, & des sacrifices semblables à ceux qu'on voit
sur la colomne de Trajan, & autre sujets differens,
sont enchassés dans les murs, avec des grotesques.

Voici les Articles, qu'on voit dans la seconde
portion du Vestibule.

Deux Colomnes quadrangulaires, couvertes d'une
grande quantité des trophées, semblent indiquer des
victoires remportées sur terre, & sur mer, par celui
à qui elles ont été dediées. Elles ont dix pieds Romains de hauteur (chaque pied repond à dix pou-
ces, dix lignes, ancienne mesure de France). Elles
sont sculptées des quattres côtés en demi relief, &
chargées de trophées, d'armes antiques offensives,
& defensives, entrelacées avec des instruments de
musique militaire, d'enseignes, & d'etendards: On
y voit

y voit les autels portatifs, & tout ce qui servoit au culte des Dieux, & aux sacrifices, dans la marche des armées, & dans les Camps. Cet ouvrage, qui est romain, quoique l'on y trouve une partie de ce qui servit aux grecs, est aussi curieux qu'instructif, pour quiconque voudra se mettre au fait de l'armure des anciens. Au dessus d'une de ces colomnes, à la droite, en voit une tête de Cybèle; & sur l'autre, une de Jupiter du grand stile.

Un très-beau Cheval, dont les brides sont serrées sur son col: sa tête fiere & l'évée: ses narines ouvertes; la criniere ondoyante: C'est l'ouvrage d'un Artiste, qui sent la nature, & qui sait la répresenter; on a cru qu'il ait appartenu au Groupe de Niobe. Il auroit merité d'être mieux restauré.

Un Sanglier antique de la plus grande verité, & du plus beau faire: cette figure n'est point fatiguée d'une prodigieuse quantité de coups de trepans comme la copie que l'on en à en France, Pierre Tacca en fit une copie en bronze, qui est le plus bel ornement des portiques du *Mercato nuovo* de Florence. Dans l'incendie que la Galerie a souffert en 1762, ce Sanglier antique, ainsi que la superbe copie du Laocoon du Belvedere, faite par Baccio Bandinelli, ont été considérablement endommagés. La queue qu'on à restauré n'est point imitée de celui en bronze.

Quattre statues plus grandes que nature: c'est à-dire: Un Apollon tenant un flambeau à la main, & regardant les cieux. On en avoit fait un Promethée : C'est une Statue de grandeur plus que naturelle, figure svelte & légere; le torse antique est de la plus grande beauté; on lui a mis à la main gauche le flambeau que Promethée alluma au char

du

du soleil, qu'il semble regarder, & vers le quel il tient la main droite levée. C'est une Sculpture dans la maniere greque; les bras sont modernes. Un Roi barbare que l'on a pris pour Midas: C'est une Statue plus singuliere par la rareté de la maniere, que par la beauté de l'ouvrage: L'habillement en est asiatique: il y reste peu de parties antiques, qui soient entieres. Il porte le nom d'Atis, & on en voit la gravure dans le Muséum Florentinum Pl. 80. Un Trajan couvert de ses armes: & un Auguste qui harangue, ayant un volume dans sa main gauche: Son air marque l'intêret qu'il prends à persuader son auditoire: c'est une des meilleures statues, que l'on ait de cet Empereur. Le mouvement des bras, & celui des yeux est reglé par ce qu'il dit: cette figure est traitée avec beucoup d'esprit, & de la plus belle forme. L'importance du sujet qu'il traite, est marquée par la gravité de son maintien; la draperie est très artistement plissée: la disposition du corps est bien adaptée pour servir de commentaire à ce que Ciceron dit, & qui nous etoit si obscur: *Nobis quidem olim annus erat unus ad cohibendum brachium Toga . . . .* Quoiqu'on ait voulu voir dans cette statue un Auguste, sa tête dementit l'opinion publique.

On voit, en outre, le buste colossal de Pierre Leopold, par Carradori, avec une iscription analogue.

Deux gros Chien-Loups assis, très-beaux, & plus grands que nature.

CORRIDORS

Plafonds.

Le corridor, que l'on appella proprement en
françois, la *Galerie*, est composé de deux grandes
allées, qui ont 430. pieds chacune; & d'une partie intermediaire de 97., qui les reunit au sud-ouest.
La largeur est de 21. pieds, & la hateur de 20. Les
plafonds sont ornés de peintures, qui marquent trois
différentes époques de l'ecole florentine. Celles de la
partie orientale ont été peintes en 1581.; Elles representent des sujets tirés de l'ancienne mytologie,
& decorés d'ornemens arabesques, & de ces grotesques qu'on appelle à la Raphael. On les attribue à
Poccetti: mais les connoisseurs croient y reconnoître la touche de plusieurs autres artistes; le tout à
fresque.

Dans la jonction des deux ailes du corridor on
voit des peintures faites vers 1658. par Côme Uli-
velli, Ange Gori, Jacques Chiavistelli, Joseph Ma-
sini, Joseph Tonelli ec. ec. dirigées par Ferdinando
del Maestro, bibliothecaire du cardinal Leopold.
On y voit d'abord ce concile général, qui affectua
en 1349. la reunion des deux Eglises, Latine, &
Grecque., . L'etablissement de l'ordre de St. Etien-
ne, par Côme I. . . . Les saints & les saintes des
familles Florentines ec. ec. Au Couchant du corridor
le sujets principaux sont le triomphe de Florence, & d'
autres villes de la Toscane. On y a joint les portraits
des hommes célèbres qu'elles ont produits dans tout les
genres. L'incendie de 1762. ayant détruit douze
pavillons, ou divisions de ces voûtes, le Prince les

B

fit

fit repeindre par del Moro, Traballesi, & Terreni:
Ces peintures sont toutes gravées. On y remarque
les Strozzes & autres Florentins, que le troubles de
Florence forcerent à se retirer en France, où ils
trouvèrent les avantages, qui convenoient à la valeur
militaire, & à leurs vertus sociales.

Chaque division de ce plafond est consacrée
à un sujet particulier. A la tête est:

FLORENCE representée par une figure emblema-
tique, Ville très-ancienne, & puis Metropole d'une
respectable Republique jusq'en 1532.

Princes Souverains.

Cadets de la Maison Medici.

Liberalité vers la Patrie.
Hommes qui se sont distingués dans cette vertu.
Côme Pere de la Patrie. *Leon X.*, qui forma
l'Archigimnase de Rome, où l'on fait tous les ans
son eloge, comme l'on fait celui de Côme dans
l'Eglise de S. Laurent à Florence &c.

FIESOLI detruite par les Florentins, en 1010; &
dont les habitans en 1025. furent admis au droit de
Citoyens dans Florence.
Liberalité vers les Etrangers.
Laurent Capponi qui en temp de disette soutint
pendant plusieurs mois 4000. ouvriers à Lion; il
mourut en 1573. *Thomas Guadagni*, en 1525. em-
prunta pour François I. 50. mille écus: Il edifia
un Hôpital sur le Rône & un en Avignon. &c.
Souveraineté dans les Pais Etrangers.
Maurice, Thomas & Gerard Gherardini Seigneurs
de *Ghildaja*, e *Desmond* dans les plaines de l'Irlande
qu'ils

qu'ils conquirent pour l'Angleterre: Ils y formerent la
famille célèbre des Fitzgerald. *Neri Acciajoli*, Duc
d'Athene, Seigneur de Tebe, e de Corinthe. *Thomas Guadagni* qui posseda plusieurs Fiefs en France &c.

Valeur Militaire sur Mer.

Americ Vespuce, qui a joui de l'honneur d'aborder le premier au continent du nouveau Monde,
que la posterité reconnoissante appelle de son nom.
Le *Verrazzano* qui decouvrit une grande partie de
l'Amerique Septentrionale pour François I. Roi de
France, & qui perit, comme Cook au milieu de
ses decouvertes en 1525. ec. ec.

Pise soumise à Florence en 1406., les Pisans
porterent d'Amalphi en 1136. les célèbres Pandectes
qu'on voit dans la Biblioteque de S. Laurent.

Valeur Militaire sur terre.

Philippe Scolari dit Pippo Spano, dans la Hongrie.
Strozzi sous Enri IV. à la guerre de Bourgogne &c.

Bonheur.

Ce même *Strozzi*, qui eut le bonheur de pouvoir faire des superbes etablissement en France dans
son exile. *Nicolas Acciaioli* grand Sénéchal du Royaume de Naples. ec. ec.

Ospitalité.

On y voit les portraits des Etrangers illustres,
que la Commune de Florence à traités.

Pistoje célèbre par les deux factions des *Cancellieri* & *Panciatichi*: Conquise par les Florentins
en 1328.

Prudence civile.

Niccolò da Uzzano qui laissa des legs assez considerables à sa patrie, pour y former une Université: *Donato Barbadori*; ce Citoyen perit sur l'echaf

B 2   faud

faud en 1379., & fut bien regretté ensuite par ses
compatriottes.

Magnificence dans les Batimens.

Acciaioli Fondateur de la Chartreuse &c. &c.

Erudition.

Bernarde Nelli, disciple du Grec Calchondilas,
qui donna une superbe edition d'Homère en 1488.

AREZZO; une des 12. Villes Etrusques: La Republique Florentine l'eut sous sa domination en 1384,
après en avoir fait le siege avec soixantemille hommes.

Legations.

Parmi les Ambassadeurs on remarque les 12. Florentins envoyés par differentes puissances au Pape
Boniface VIII. en 1295.

Secretariat.

Machiavelli Philosophe profond: Secretaire de la
Republique aussi célèbre pour sa politique que pour
sa manière d'ecrire l'histoire. Les Florentins lui ont
enfin erigé un mausolée dans l'Eglisè S. Croix, qui
est le Westminster de Florence.

Mathematique.

On voit parmi les hommes célèbres dans cette
classe les fameux *Torricelli* & l'immortel *Galilée* &c.

VOLTERRA, une des douze villes Etrusques, qui
en 1254. fut soumise à la Commune de Florence ec.

Amour de la Patrie.

Barthelemi Scala que *Côme Medicis* logea chez
lui. Il batit un grand Palais & Jardin pour y rece-
voir tous les savans & hommes de lettres etrangers.
Il maria sa fille à *Tarcagnota* emigré, pauvre, man-
quant de tout, excepté de savoir. ec. ec.

Amour des Lettres.

L'amour des sciences & des belles lettres, ainsi
que

que la protection que quelques hommes puissants ont accordée, aux Savans, à aussi sa place dans ces plafonds. On y voit *Côme*, le Pere de la Patrie; *Laurent* le magnifique. *Leon* X.; *Clement* VII. *Côme* I. digne imitateur de ses ancêtres; & ensuite *Jean Pic* de la *Mirandole*, *Politien*, *Ficin*; *Calchondilas*; *Lascaris*; *Bernard Rucellai*, qu'Erasme a comparé à Salluste par l'elegance de ses écrits.

Theologie.

Louis Marsili; le plus eloquent parmi ceux qui eurent part au Concile de Florence. Son Sepulcre est dans la Cathedrale. *Robert Bardi* Chancellier pendant 40. années dans l'Université de Paris. Il mourut en 1392.

Bourg S. Sepulcre. Le Pape *Eugène* IV. cedà cette ville en 1441. à la Republique Florentine.

Droit & Legislation.

Forese da Rabatta, loué par Bocace ec. ec.

Montepulciano. Le Roi Porsenna passoit quelques mois de l'Été dans cette Ville. Florence la Soumit en 1390.

Philosophie.

Ciriaque Strozzi, l'interprete de la Nature: *Donat Acciajoli* premier traducteur de la Poetique d'Aristote. *François de Vieri*, qui pendant 40. années enseigna philosophie à Pise & à Florence.

Cortonne. Une des douze villes Etrusques. Elle fut assujetie à la Republique d'Arezzo en 1409. Elle se donna au Roi Ladislas, qui la vendit ensuite aux Florentins.

Politique.

Machiavel qui servit ses Concitoyens; & *del Bene* & *Corbinelli*, qui exercerent leurs talens auprès du Roi de France Henry IV.

B 3   *Musi-*

Musique.

Vincent Galilei, père du fameux Mathematicien.

Medecine.

Bruno del Garbo qu'on appella le nouveau Po-
dalire: c'est le plus ancien auteur d'Institutions chi-
rurgicales. *Tomas* fils de Dino del Garbo, auteur
d'un abregé de *Arte Medendi* en 1350.

COLLE SULL'ELSA. Ville qui en 1349. fut soumise aux Florentins: on y fabrique d'excellent papier.

Accademies.

Jules Strozzi fait Cardinal en 1598. il fonda à
Rome l'Académie des *Ordinati*, qui fut la premiere
en cette Ville, & qui reunissoit la Musique à l'E-
rudition. La plus ancienne Academie de ce genre
fondée dans Florence, date du 1540.

Eloquence.

Boccace; de la *Casa*; *Leonard Salviati ec.*

Histoire.

Ricordano Malespina est le plus ancien parmi
les Historiens de Florence: sa Cronique arrive
jusques à 1281. *Guicciardini ec.*

SAN-MINIATO, ville bâtie par Desidere Roi des
Longobards; conquise par le Florentins en 1370.

Poësie.

L'on voit *Dante*, *Petrarque*, *Gui Cavalcanti*,
& Monsignor de la *Casa ec. ec.*

Sculpture.

Avec les portraits des plus celêbres sculpteurs
du XIV., & XV. siécle; *Laurent Ghiberti*; *Luc* de la
Robbia; *Donatello*; *Michelange*; *Bandinelli ec.*

Architecture.

Il y a le *Brunellesque* à côté du quel est son
chef d'oeuvre, la Cupole de Florence; puis vient le
Bonarroti avec le Dôme de S. Pierre de Rome; en
fin

fin *Giotto*, *Orcagne*, *Leon Baptiste Alberti*: ce dernier fut l'Auteur d'un traité sur les regles de l'Architecture, Perspective, & Optique, en 1430. Tous ces hommes se sont signalés par quelques fameux monuments qui subsistent encore.

Prato, Ville près de Florence, achetée par la Republique Florentine en 1350.

Peinture .

Ici sont les portraits de ses restaurateurs, tels que *Cimabue*, que Charles d'Angiò alla visiter en grande pompe dans son propre attelier. *Giotto*, *Masaccio*, & le *Frate*, ou Barthelemi de la Porta, qui a eu la gloire de contribuer à la perfection de Raphael, & de l'egaler dans bien des parties. On y a placé aussi les portraits de *Leonard* de *Vinci*, qui fut aussi grand peintre qu'excellent êcrivain sur les principes de l'art, & sur plusieurs points de sciences. Ses manuscripts sont aujourdhui dans la Biblioteque Nationale à Paris. On voit ensuite le portrait d'*Andrea* del *Sarto*, peintre du plus grand merité; puis celui du *Bronzin*, du *Cigoli*. &c.

Agriculture .

On a placé ici les portraits des Auteurs Florentins, qui ont ecrit: 1.° sur la culture de la Vigne, tel que *Soderini*: 2.° sur l'Olivier; *Pier Vettori*, & *Marcelle Virgile*, qui des 1480. donna une methode pour connoître les vegetaux. On voit ensuite des portraits d'Ecrivains, qui ont enseigné la meilleure manière de fertiliser les champs.

Livourne, port de mer acheté des Genois par les Florentins, en 1421. & qui doit sa splendeur au deperissement du Porto Pisano.

Enfin toutes les vertus civiles, morales, & politiques de plusieurs Florentins celèbres, sont eter-

B 4

nisées

nisées dans cette partie de la Galerie, qu'on peut
régarder comme un monument historique, que le
bon goût, la réconnoissance, & la fortune des Medicis ont elevé à l'honneur de la Patrie, & des citoyens illustres, qu'elle se glorifie d'avoir nourris
dans son sein.

Portraits des Hommes illustres.

On voit, tout près du plafond, une suite de
plus de 500. portraits d'hommes illustres, soit par les
armes soit par l'erudition, qui ont rapport à l'histoire
de Florence, depuis le commencement du XIV. siecle
particulierement; ils sont rangés par ordre chronologi-
que, & forment une des principales curieusité de cette fameuse Galerie; Ce recueil fut commencé par Paul
Giovio, évêque de Nocéra, qui, à la rénaissance
des lettres, entreprit (à l'exemple de Varron) de
rassembler les portraits de tous les hommes célèbres,
dans une maison de campagne, auprés de la Ville
de Côme. Il mettoit au-dessous de chaque portrait
un éloge latin: On en a le recueil en deux volumes.
Le gran-Duc Côme I. envoya Cristophe Papi dell'
Altissimo auprès de Giovio pour en faire des copies;
& depuis ce temps-là on en a ajouté plus de 400.
autres, faits, ou d'après nature, ou d'après les originaux, pour completter la collection de portraits des
hommes célèbres dans tout les genres, & de tous les
pays; aussi les curieux y ont souvent recours, en
faisant copier quelques-uns de ces portraits.

On voit d'abord des portraits d'anciens heros,
qui, tirés d'après des medailles, des bustes & des descriptions, passoient pour être ressemblans du temps
de Giovio: tels sont Artaxerse, Alexandre, Hanni-
bal &c.

A la droite sont les Pontifes, que Giovio avoit
recueil-

recueilli pour en publier les eloges; les Cardinaux
viennent ensuite; & puis les Theologiens, les Juricon-
sultes, les Historiens, & ceux, enfin, qui avoient
acquis reputation dans d'autres branches de Sciences. Vis-à-vis à ceux ci sont les Empereurs, les Rois,
les Princes, & leurs plus célèbres Ministres. On voit
ensuite les portraits de ceux qui, dans differentes
familles, eurent la souveraineté, plus ou moins, de
quelques Villes en Italie.

On doit remarquer dans la famille des Medicis
le Portrait de *Catharine*, femme d'Henry II. qui ap-
porta en France un grand fond de Manuscripts acquis
par Côme le Grand. On voit après le portrait de
Corso Donati executé en 1808. comme ennemi de la
liberté, fait par Giotto, & copié ensuite par Chri-
stophe *de l'Altissimo* pour Côme premier. Plusieurs
portraits d'Admiraux, des Generaux &c. terminent
cette collection, à la quelle est ajoutée celle des
Princes, & Princesses de la Maison de Lorraine.

M A R B R E S.

La suite des Empereurs de Rome, & de leurs
familles en bustes antiques, est des plus completes
dans cette Galerie; & il y en a très peu sur les quels
on puisse avoir quelque doute: d'ailleurs Bottari con-
vient qu'il y en a des douteux, même dans la collection du Capitole.

On a généralement observé à Rome, que le mêmes têtes, qui sont rares en medailles, le sont aussi
en marbres; Mais pour tant il faut excéptuer le Tibère, rare en medailles, & non pas en bustes; c'est
le contraire pour Agrippa, & Caligula, dont on trouve beaucoup de medailles, & peu de bustes. Par

rap-

rapport à l'excellence du travail, les bustes qui me-
ritent le plus d'attention, sont : ceux d'Auguste, Agrippa, Vespasien, Othon, Neron, Aelius Verus, Adri-
en, Marc'Aurele, Lucius Verus, Pertinax, Geta,
Didius Julianus, Albinus, qui est extrémement
bien-fait & en Albâtre, ce qu'on voit bien rarement ;
Caracalla, Geta, Gordien, l'Affricain le vieux ; Eliogabale, Galien le vieux & le jeune, & Pupienus.

B u s t e s.

Jules-Cesar ; Bronze très ressemblant aux medailles les plus autentiques. Cet homme ne fut pas moins
ambitieux de gloire militaire que protecteur des
Arts : Plusieurs Musées dans Rome lui doivent leur
fondation. Il acheta pour 80. talens deux Tableaux
de Timomaque : Il fit la première collection en Histoire Naturelle. Le travail de ce buste en est beau ;
la phisionomie, bien caracterisée, & d'acord avec
l'histoire ; le visage maigre & un peu allongé ; les yeux
vifs & pleins de feu, tous les traits qui annoncent
l'activité, la pénétration & l'étendue du génie ; il a
le front chauve, qui paroit tout à decouvert ; ce buste aura été moulé, sans doute, avant qu'il eût ob-
tenu du sénat le privilège de porter toujours la couronne de laurier ; privilège qui lui devint si cher,
parce qu'il cachoit cette pretendue difformité à laquelle il étoit si sensible ; tant il est vrai que les plus
grands hommes tiennent toujours par quelques endroits
aux foibles de l'humanité. Autre buste de Cesar en
Marbre.

Pompée ; il n'y à pas d'autre raison pour le placer ici, que celle qui le fait mettre à coté de Cesar
dans les collection des medailles. C'est depuis peu
qu'on lui a assigné cette place.   *Augu-*

Auguste. Il est avec les traits que Suetone lui attribue, d'une belle figure, qui se conserva toujours dans les changemens qu'y apportoit l'âge. Les cheveux sont légérement crépus; les sourcils épais & unis ensemble; les oreilles petites & bien faites; le nez élevé du haut & rabattu par le bas. On voit trois bustes de cet Empereur, dont chacun marque un age different.

Julie fille d'*Auguste*; c'est une beauté accomplie: l'execution superieure de ce beau portrait, ainsi que celle du buste de Marcus Agrippa, prouve très bien que la sculpture n'eut pas une plus belle periode à Rome. Domitien fit representer Julie sous la forme d'une divinité, même de son vivant; & le fit, dit-on, pour en voiler l'infamie.

Marcus Agrippa; le sourcil élevé, les yeux couverts & retirés, le visage severe, sans dureté: très-ressemblant, à ce que Tacite nous apprend de ce grand homme.

Livie fille de *Livius Drusus Callidianus*; princesse d'une beauté extraordinaire, d'un génie superieur, d'un coeur corrompu. Caligula la nommoit un Ulysse déguisé. La tête est voilée.

Tibère; les yeux grands, les traits majestueux, qui annoncent encore la fraicheur de l'âge & sa force; cela fait croire que ce buste est des premiers temps de cet empereur, & non pas des dernieres années, lorsqu'accablé de débauches & d'inquiétudes, sa physionomie eut tout-à fait changé; son visage n'étoit presque jamais sans pustules, ou boutons; défaut que l'artiste a eu raison d'eviter.

Drusus son frere; il vecut assez pour sa gloire, & trop peu pour le bien de l'etat.

Drusus son fil fut assassiné par Livilla sa famme.

Anto-

Antonia, mere de Claude, Femme d'un grand mérite; On la reconnoit à la modestie de ses regards, à la tranquillité de ses traits, à la decence de son habillement, que l'Artiste a parfaitement bien rendus; Caligula son neveu lui donna le titre fastueux *d'Augusta*, & lui confera les honneurs attribués aux Vestales.

Agrippine, mere de Caligula, que le soupçonneux Tibère força à se laisser mourir de faim : Femme vertueuse, représentée avec cette noblesse de sentimens, qui faisoit son caractère.

Cajus Cesar *Caligula*; le sourcil froncé, le regard sévère, le front plein de rides, comme un vieillard, avec les traits de la jeunesse; ce qui prouvoit, dit-on, l'atrocité de ses desseins & de ses pensées. La forme de sa tête est allongée, & chauve dans la partie superieure. Il avoit une paleur habituelle, que le marbre semble indiquer. Ce buste est bien fini & traité avec beaucoup de verité. C'est un morceau precieux, car les bustes de cet Empereur ne sont pas moins rares que ses medailles : Tout fut detruit dans ce genre des que le Tribun Cassius Cherea delivra Rome de cet homme cruel.

Britannicus frere de *Neron*, qui le fit empoisonner.

Claude; ses traits annoncent cette ineptie, cette pesanteur, qui caracterisent dans toutes ses actions cet homme, auquel la moindre application donnoit un tremblement de tête, qu'il ne pouvoit arrêter; on verra même que la bouche est traitée de façon à y faire reconnoître un autre défaut naturel de ce foible prince, dont parle Juvenal (sat. 6.)

Messaline; Femme célèbre par ses debauches; ce buste est en albâtre; la tête en marbre.

Clau-

Claude Domitius Neron, par le quel finit la suite
des douze Cesars. Ce buste manquoit dans la collection d'Albani, & celui qui est au Capitole n'est
pas reputé bien Ancien. On remarquoit un Medail-
lon du plus grand module dans le Medailler de la
Galerie, répresentant cet Empereur: mais ce qu'il
présente de plus particulier c'est la date de la 13.
année de son Regne. *Mezzabarba* n'en decrit que
deux seuls existans. Ce buste est travaillé d'une
excellente manière; ses traits ont plus de bonté que
d'agrement; l'air riant sous le quel il est répresenté, semble être affecté & cacher de la cruauté; il
a le visage plein & les cheveux frisés par êtage; mo-
de qu'il avoit prise des Grecs, au rapport de Svetone, & qu'il porta à l'excès . . . L'autre Buste de
Neron fait dans son enfance, montre une phisionomie très douce.

Popée, femme, ou maitresse de Neron, la plus
belle femme de son siecle: ses traits sont delicats
& pleins d'agremens; Le regard franc, vif & hardi
qu'on lui a donné, annonce qu'elle faisoit trophée
de sa fortune & de son état.

Galba : On lui voit des traits de force, qui prouvent que l'ouvrage est d'un bon artiste: mais on n'y
retrouve pas, comme dans les precèdens, ces traits
fins & marqués qui caracterisent l'homme. Galba re-
gna peu, & ses bustes sont rares.

Othon, buste plus rare encore & plus precieux
que les medailles d'or & d'argent de cet empereur; on
y retrouve le visage plein & effeminé de ce prince,
qui n'eut pas le courage de porter le sceptre plus de
trois mois, & qui cèda à sa premiere disgrace, mais
qui se faisoit raser tous les jours, qui même dans le
Camps vivoit avec luxe: pour remplacer les cheveux
qui

qui lui manquoient, il portoit une petite perruque
ronde & frisée, aussi courte devant que derriere. Cet
Empereur manquoit tellement de Cheveux que son
assassin, Fabulus, fut obligé d'en emporter la tête
enveloppée dans sa robe, n'ayant avec quoi la tenir
à la main: il disoit des Romains qu'intollerans pour
le joug n'etoient pas faits pour jouir d'une liberté
totale. Svetone, & Iuvenal (Sat. 2.) parlent beaucoup
du luxe ridicule & de la mollesse de cet Empereur. Quant à l'execution de l'art, Vinkelman dit
que c'est le plus beau buste connu.

Julie fille de *Titus*; outre ce buste il y en a
deux aurres têtes: Domitien se plaisoit à la faire
répresénter sous la forme de Cerès, ou de Vesta.

Vitellius; on croit le voir avec cette taille
prodigieuse & ce teint enflammé, que Svetone lui
attribue: il est extrémement gras & gros, & a bien
l'air d'un homme, qui passoit son temps, & ruinoit
les autres, à faire grande chere, & qui ne savoit
parler & s'occuper d'autre chose; dans un an moins
dix jours il depensa neuf millions de sexterces en
soupers.

Vespasien, belle tête traitée avec les détails
heureux, qui caracterisent l'attention, l'activité &
la grandeur d'ame de cet empereur; le front est ri-
dé; les yeux sont couverts, mais point durs; le
néz aquilin, les joues larges; il a un certain éclat
de majesté repandu sur tout son visage.

Titus; la majesté, la beauté, la grace, cette
bienfaisance qui caracterisent ce prince, & qui en
firent les délices du monde, sont habilement expri-
mées sur ce marbre precieux.

Julie, Fille de Titus, peu connue: ce buste
est d'un très beau travail.

Domi-

Domitien n'a pas dans son buste cette beauté & cette force qu'on lui donne dans les medailles; ce qui peut venir de ce qu'il n'a pas été bien conservé, & qu'il a été ensuite restauré par un artiste qui a travaillé d'après sa propre idée, & non sur aucun buste original : il manque d'expression; le travail en est froid.

Domitia, de belle execution, & qui paroit bien faire portrait. Elle etoit Femme de Lucius Aelius Lamia, Senateur romain, & puis de Domitien : trois bustes. L'arrangement de ses cheveux fait croire qu'Elle eut des cheveux postiches. On appella cette coeffure *Galericula*, par la ressemblance qu'elle avoit à un Casque militaire. C'est la première femme qui eut l'honneur d'une medaille, qu'on trouve rarement dans les Cabinets.

Nerva; Vieillard d'un aspect majesteux, que son équité éleva sur le trône : il est de proportion plus grande que nature, ce qui fait que son nez aquilin paroit d'une grandeur énorme.

Trajan; son buste est de bonne manière ; la plûpart de ses traits semblent répondre à ses grandes qualités si connues . . . . . Trois bustes semblables, dont un est colossal. Plusieurs Espagnols vinrent s'établir à Rome sous son Regne, remplaçant ainsi les anciennes familles aneanties sous Neron, & Vespasien.

Marciana digne soeur de Trajan.

Matidia fille de Marciane.

Plotina, buste du plus beau travail, & de la plus grande rareté. Le Senat accorda le titre de *Diva* à Plotine, après sa mort.

Adrien, beau visage, les cheveux peignés avec art, ce qui est une distinction remarquable, pour ce temps.

ce temps; la barbe large & épaisse, entretenue de
ce volume pour couvrir quelque difformité naturelle, que ce prince avoit sur le visage (Spartianus):
ces parties sur-tout sont d'un excellent travail. Ce
buste peut donner une idée de l'état florissant dans
le quel la Sculpture etoit dans le temps de cet Empereur. Autre buste réprésenté beaucoup plus jeune.

Sabina femme d'Ādrien, d'un beau travail &
bien fini.

Aelius Cesar, adopté par Adrien, & destiné
à lui succeder, s'il lui eût survecu: il étoit beau,
son aspect majestueux inspiroit le respect; mais il
étoit de la plus foible santé: il semble que l'artiste
ait rendu tous ces sentimens, tant le buste est
beau.

Antonin le pieux, du plus beau travail, très-
ressemblant aux medailles & statues antiques de cet
excellent prince, qui sont fort communes.

Galère representé dans son enfance: Ce buste,
d'un excellent travail est très extimé par les connoisseurs.

Annius Verus, fils de Marc-Aurele; enfant âgé
d'environ sept ans, temps auquel il mourut: un
decret du senat ordonna qu'on porteroit sa Statue
à ses funeraillés, ce qui n'a été fait pour aucun
autre enfant de cet âge: ce buste est l'un des plus
précieux de cette collection; le travail en est admirable: Les medailles de ce Prince sont fort rares.
Un'autre buste qui suit, & qui porte le même nom
est probablement un Marc-Aurele dans sa jeunesse.

Les deux *Faustines*, mere & fille, toutes deux
de bonne main & bien conservées. Cette petite Ga-
lérie à Midi, semble avoir été faite exprès pour la
Famille de Marc-Aurele.

Marc-

Marc-Aurele Antonin le philosophe: il y a de-
suite quatre bustes de cet Empereur, tous à différens
ages; il n'est pas étonnant que ses portraits soient
si fort multipliés: Capitolin a écrit, que quiconque
n'avoit pas chez lui son portrait, etoit reputé sacri-
lège; & que ses statues etoient conservées parmi
celles des Dieux Pénates. Le prémier paroit fait
sur la fin du régne de ce Prince: il est d'un grand
caractère; la barbe & les cheveux peu soignés sont
bien rendus . . . Le second a moins de barbe, &
il est beaucoup plus beau . . . Le troisième paroit
être du temps auquel Marc-Aurele fut adopté par
Antonin, entre 15., ou 20. ans de son age.

Faustine la jeune, Femme de Marc-Aurele;
deux Bustes, dont l'un paroit d'un travail moderne.

Lucius Verus, trois bustes; Il fut associé à l'
empiré par son frere Marc-Aurele; Il avoit le visage parsemé de boutons, la barbe longue et abat-
tue, telle que la portoient les barbares, et une gravité majestueuse dans toute la figure (Capitol.):
il ne régna que neuf ans avec son frère.

Lucille fille de Marc-Aurele & de Faustine, à
qui elle resembla par le déreglement & l'éfronterie
da sa conduite.

Commodus, fils de Marc-Aurele, & Faustine;
cette tête est d'un excellent travail; c'est celle d'
un jeune homme dont tous les traits sont beaux,
le visage est gracieux & d'un bel embonpoint, les
cheveux sont bien traités; il semble avoir déja dans
la physionomie quelquès signes de cette sotte foi-
blesse qui le rendit si facile aux mauvais conseils,
& si indigne du rang qu'il occupoit. Herodien nous
dit, qu'il avoit la main si sure, qu'il perçoit d'un
dard, ou d'une fleche tout ce qu'il vouloit; en

C

sorte

sorte qu'il ne tiroit jamais un second coup, & que toutes les plaies qu'il faisoit aux Lions, Panthères, & autres bêtes feroces, etoient mortelles: ses bustes, dont il y en a deux ici, sont rares, par ce que le Senat en ordonna la destruction. Le travail en est excellent, & expressif de tous les caractères, qui le rendirent indigne de sa haute dignité. On commence ensuite a s'appercevoir de la decadence de l'art, relevé par Adrien.

Pertinax ; vieillard vénérable, qui a la barbe longue, les cheveux hérissés & mal en ordre; de l'emboinpoint, & une taille majestueuse: Le travail en est beau, & conforme à la vérité historique (Jul. Capit.)

Crispina, femme de Commode, representée à la fleur de son age, dans les premiers temps de son mariage: il y a beaucoup d'expression & de finesse dans cet ouvrage: encore une Imperatrice debauchée!

Didius Iulianus ; on sait ce qu'il etoit, & son portrait rendu avec beaucoup de verité, de mouvement, & esprit, n'annonce qu'un vieillard encore livré à ses passions; qui n'acheta l'empire que pour le perdre aussi tôt (Auson:) Plusieurs familles Afriquaines vinrent de son temps s'etablir à Rome.

Pescennius Niger ; douteux s'il est antique.

Didia Clara fille unique de Didius Julien & *Manlia Scantilla*, l'une Femme, l'autre Fille de Didius Iulianus. L'une la plus belle, l'autre la plus laide de son temps: Ces bustes sont peu ressemblants aux medailles.

Septimius Severus ; belle tête, pleine d'esprit & de mouvement: il y a quelque chose d'austère & de dur dans la physionomie, qui caractèrise cet

empereur

empereur ; la barbe est épaisse & negligée ... Deux bustes.

Iulia Severa, Femme de *Septime*; Deux bustes ; l'un, où elle est représentée avec la beauté, les graces & la majesté, qui la rendirent si célèbre à Rome & en Syrie ; l'autre, où la vieillesse lui a enlevé ces avantages, et ne lui a laissé que quelque majesté dans la physionomie.

Albin, compétiteur de Sévere à l'empire, & qui en conserva le titre pendant quelques années dans les Gaules : Il a la barbe épaisse crêpue & courte, & tous les traits qui caractérisent un guerrier : ce buste est d'albâtre, traité d'une grande manière, & d'une entière conservation.

Antoine Caracalla : ce buste n'à plus cet air aimable, ni ces graces de physionomie, qui rendirent ce prince si cher dans sa jeunesse au peuple, & au senat (Spartian:) Il à l'air effrayé et feroce, le visage plein de rides : on voit seulement, à la manière dont la tête est tournée sur l'épaule gauche, que l'artiste a aumoins imité l'attitude habituelle de ce prince, qui avoit la fantaisie de se croire un autre Alexandre, qui tenoit la tête panchée de cette manière.

Plautilla ; sa tête est assez belle, quoique médiocrement traitée. Elle mourut dans son exile à Lipari ; et donna à Caracalla des richesses pour cinquante Emperatrices . . : Une autre Plautilla plus agée.

Geta frere de Caracalla, Trois bustes ; Dans le premier il commence à avoir un peu de barbe ; et sans doute il fut fait peu avant qu'il fût mis à mort par les ordres du cruel Caracalla : le second est celui d'un enfant. Ils sont traités habilement tous les tr

C 2 *Macrinus*

Macrinus; Trois bustes, avec cette diversité
de barbe qu'on remarque dans ses medailles. Il
conspirà contre Caracalla, et lui succeda.

Diadumène; deux têtes, encore enfant; elles paroissent faites d'idée; et une au moins est plus
precieuse à cause de sa rareté, que par la beauté du
travail: le buste paroit fait peu avant qu'il fut tué.

Marc-Aurele-Antonin-Eliogabale, prince d'une
belle figure, mais de moeurs si dissolues et si cruel-
les, qu'il est regardé comme le plus mechant des
souverains, qui aient jamais deshonoré le trône.
Son buste est habilement traité, et d'autant plus
précieux, qu'aprés que son corps eut été jetté dans le
Tybre par ordre du Senat, on detruisit également
toutes ses statues, et très-peu échapperent à la
sévérité de cet ordre. Celui-ci est antique, et fort
ressemblant aux medailles.

Aquilia, vestale, qu'Elagabale épousa, disant
qu'il convenoit que la Femme d'un prêtre du soleil fît une vestale: On voit clair qui l'idée de
l'artiste a été de la répresenter avec l'air et les at-
tributs de son premier état.

Alexandre sevère; deux bustes: un qui annonce
la majesté de sa taille, la dignité de son maintien,
et l'affabilité qui lui étoit naturelle: l'ouvrage de ce-
luici en est médiocre, mais l'autre est merveilleux;
l'un est couvert de son Armure; l'autre avec le
Laticlavium. Ces bustes sont rares; Il n'y a qu'un
seul buste de cet Empereur dans le Musée de Rome, et deterré récemment à Otricoli. Ce Souverain
a beaucoup merité des beaux arts, ayant fait tout
pour les relever: Il etoit Philosophe, Poete, Peintre, grand General, et bon Prince.

Julia Mesa, qui par ses artifices parvint a porter

ter Eliogabale sur le trône; elle a joui de la dignité d'Auguste . . . L'ouvrage qui la répresente en vieille Femme, est mediocre. Son veritable nom étoit Varia : On la nomma *Mesa* nom Syro-phénicien qui indique le soleil par ce qu'elle fut prêtresse de cette divinité.

Julia *Mammea*, mere d'Alexandre Sèvere : son buste, dont l'ouvrage est altéré, semble être de la même main que le précedent : on reconnoit dans ses traits cette soif de regner, et cet orgueil, qui la rendirent si odieuse.

Maximin barbare d'origine ainsi que de moeurs; très beau; la fierté de ses régard indique le courage : (Capitolin).

Maxime fils de *Maximin* : deux bustes. Bon lorsqu'il n'étoit que simple-particulier.

Gordien l'Affricain le vieux; ou le père; c'est un Buste unique, des qualités exterieures que lui donnent les historiens, on ne reconnoit dans son buste que l'epaisseur de sa taille : on n'y retrouve ni cet air triomphant, ni ce regard et ce front respectable dont ils parlent, et qui n'est point d'accord avec les medailles de son temps.

Pupien, prince moderé et humain, qui étoit redevable de l'empire à son merité : Il fut assassiné. Deux bustes, dont l'un d'assez beau travail : il a les yeux vifs et le regard fier, indices de ce grand courage que Capitolin lui attribue. On doit le croire très ressemblant, d'apres ce que nous en savons.

Gordien Pieux, troisième de ce nom. Proclamé Empereur par les pretoriens, et assassiné par les ordres de Philippe, à Zaïthe sur l'Euphrate.

C 3   *Tranquilla*,

Tranquilla, ou *Tranquilline*; Fille de Misithée
Femme de Gordien; d'un très grand prix pour sa
rareté.

Philippe l'ancien, ou le père: buste rare, quoique le travail en soit mediocre: il est extimable
pour son temps, où l'art commençoit à dégénerer
beaucoup.

Gallien. Deux bustes: le premier assez bien
traité: on reconnoît dans ses traits un homme né
pour la bonne chere, qui passoit les jours à boire,
et les nuits dans d'autres débauches (Trebellius):
on voit dans tout l'air du visage cet abattement et
cette non-chalance, qui sont la suite ordinaire de
la débauche.

Volusien: le travail n'en est pas à mepriser pour
le temps; il répresente ce prince sous un aspect aimable, avec l'air de vivacité de son âge: à peine
la barbe commence-t-elle à paroître.

Salonine femme de Gallien. Elle honora le Trône des Cesars sur les quels elle portà toutes les
vertus de son sexe.

Décius, buste dans le quel on remarque quelques
traits qui annoncent la bravoure et l'affabilité, qui le
rendirent cher aux soldats, et agreable au peuple:
Buste très rare.

Probus, célèbre par sa manière droite de pen-
ser, et par ses victoires. Il auroit, peut-être, réta-
bli l'empire; mais il fut tué dans une sedition militaire. C'est un des quattre grands hommes faits
pour soutenir l'Empire, qui menaçoit de tomber
en ruine.

Salonin enfant, fils ainé de Gallien; il est couronné de lierre.

Constantin

Constantin le Grand: ouvrage médiocre, mais bien dans *le* goût du temps, et fort semblable aux médailles de ce prince: on remarque dans ses traits une sorte de delicatesse, que Julien lui a reprochée, comme une marque de mollesse et de vanité, qui ne convenoit point à un prince. Le Bernin à S.t Pierre de Rome, à bien saisi la ressemblance de cet empereur. C'est une tête très-rare, et qui manque à la collection du Capitole, ainsi que plusieurs autres, qui sont dans cette Galerie : Celle-ci est un tresor pour les antiquaires, et pour ceux qui aiment à suivre les progrès, et la décadence de la sculpture dans les différens âges.

Quintillus. Il possedoit toutes les vertus aimables d'un citoyen vertueux, mais pas assez de cette fermeté, de cette vigueur d'Ame si necessaire pour soutenir le poids des affaires publiques.

Carinus fils de *Carus*, & de Magna Urbica. Il merita l'execration publique par les sceleratesses qu'il consomma dans les Gaules. Il étoit brave ; mais extrèmement vicieux: Un Tribun le tua.

Sarcophages.

Sur le premier Sarcophage on voit representé differentes epoques de la vie d'un heros, à ce qu'on en dit dans le journal de Rome, relatif aux anciens monumens. (*Guattani Juin &c.* 1784.)

On voit d'abord le Mariage, qui se fait avec la plus grande cérémonie. l'Epoux, et l'Epouse sous une tente, se donnent le gage de la main, comme de coutume. Junon, comme pronube, tient les mains sur les epaules de l'un et de l'autre. Le petit Hymen tourné vers eux tient son flabeau allumé; deux autres

C 4

personnes

personnes homme et femme assistent, peut-être, comme parens, ou comme témoins, ou pour honorer
la cérémonie. A côté de cette Troupe est réprésenté un sacrifice: Le *Pæpa* tient un taureau par les cornes; le Victimaire hausse sa hache pour lui donner
le coup. Le sacrificateur, qui est l'Epoux, verse la
patère sur le feu; et il est fort remarquable qu'il n'a
pas sa tête voilée. Un joueur à deux flutes decore
le sacrifice, qui se fait devant un temple: l'autel
n'est qu'un trepied, tel qu'on en voit dans d'autres
monumens. Voila deja deux actions; le Mariage,
et le Sacrifice. On voit ensuite une femme qui
présente un petit enfant à un homme revetu d'une
tunique, et d'une Clamide, ayant l'apparence d'être
un personnage de consideration: C'est toujours le
même que l'Epoux, ou le Sacrificateur: c'est peut
être le fruit de son mariage qu'on lui presente. Une
figure le suit, tenant une branche de palmier dans
sa main: celà a probablement-pour objet d'indiquer
ses talens, ou ses exploits militaires. D'un des deux
côtés lateraux de ce même monument, on voit un
vieillard assis, et une figure courbée qui, peut-être,
lui ajuste sa Chaussure; et sur le coin on voit deux
hommes à cheval à la poursuite d'un sanglier avec
des chiens de chasse. Du côté opposé est une femme assise, et voilée, qui paroit être la mere. Une
autre femme tient un petit enfant tout nu. Il y a
une colonne quarrée surmontée d'une globe, et deux
femmes qui y tiennent les mains dessus. Une de ces
femmes porte un volume. Il y a ensuite un vieillard
assis derriere un enfant revetu de *Chlamide*, qui paroit lire sur un livre qu'il tient. Une autre jeune figure tient de sa main gauche un masque avec des
boucles de cheveux, qui lui pendent des deux côtés.

L'Histoire

L'Hstoire d'*Hippolite* est réprésenté sur le second :
On le voit d'abord faisant un sacrifice à Diane, suivant
l'usage des chasseurs ; Ensuite on le voit refuser les in-
sinuations de la nourrice, et s'éloigner du palais, lais-
sant Phedre éplorée au milieu de ses servantes ; Enfin,
ou le voit attaquant le sanglier, dont Sénéque parle ex-
pressément dans son Hippolite. On voit à côté de lui
la vertu, répresentée en habit de guerrier, comme
dans plusieurs medailles. Les uns avoient expliqué ce
monument pour Venus et Adonis ; les autres par Mé-
léagre, et Cléopatre ; mais il paroit que c'est ici la
véritable explication ; elle doit servir aussi pour un
bas-relief de Pise, et pour celui de la Villa Panfili à
Rome, qui n'avoient pas été bien compris.

Sur un autre : La chûte de Phaeton ; sur le devant on voit le char, et les Chevaux dans le mo-
ment de leurs chute ; Cignus, Prince Ligurien changé en Cigne, la tête baissée et plongé dans l'affli-
ction ; les trois soeur sont changées en Peupliers sur
le Po. D'autres les croient changées en Larix, arbre
resineux, comme il paroit de voir sur une medaille
de Publius Accolejus Lariscolus; On voit du côté opposé
une course au cirque ; remarquable, en ce qu'on y lit les
nom des chars, qui entrent en lice, du moins suivant
la conjecture des savans, on lit *Libio, Iubilatore, Di-
caeosyne, Eucrammo*. Près de la tête de trois auri-
ges on lit : *Liber, Pholiphemus, Trophimion ;* on croit
que ce sont leurs noms. Il manque celui du quatriè-
me ; les interprètes suppléent *Eutyones*.

Sur le IV. Sarcophage sont les Dioscures......
Sur le V. Les Esploits d'Hercule.

Sur le VI. Les neuf Muses avec Apollon. Et
sur le VII. le Triomphe de Bacchus ... Les deux sui-
vans sont decorés des Divinités de la Mer.

Statues.

Deux femmes assises, dont l'une a une tête moderne ; l'autre est antique, et passe pour être Agrippine la jeune ; tant elle ressemble à la statue de ce nom, qui a été dans les jardins Farnesiens ; elle a toute la dignité d'une Imperatrice Romaine ; la draperie en est plissée du meilleur goût ; peut-être, étoit elle destinée à orner quelque tombeau.

Hercule, qui tue le Centaure Nessus ; groupe qui n'est pas sans merite ; mais qui doit cédér au beau groupe de Jean Bologne, (qu'on voit à présent au bas du vieux pont). La force du heros y est, cependant heureusement exprimée par la tension de ses muscles. Le Centaure est répresenté dans l'espression de la douleur & du desespoir.

Homme nud qu'on croit être un Athlète. Il a le bras gauche enveloppé dans une draperie, qu'on appelloit *Efaptide*, petit manteau rouge porté par les guerriers & les chasseurs.

Le *Dieu Pan* avec le jeune Olinthe. Aldovrandi a soupçonné que c'etoit Apollou, qui aprenoit jouer du sistre, ou de la flute à plusieurs tuyaux qu'on appeloit *Syrinx*, & *Fistula*. Suivant Apollodore, ce fut le Dieu Pan, qui enseigna jouer de cet instrument à Apollon : quoi qu'il en soit, c'est un groupe admirable ; & c'est, peut-être, un des trois beaux Satyres célébrés per Pline.

Figure d'un Jeune Athlete, d'un caractère fort, qui tient un vase, signe de sa victoire : c'est un bel antique d'un grand maître, très intelligent pour les contours, & pour l'anatomie : ses muscles sont fortement prononces. Quelques uns croient que

c'est

c'est un Ganimède, à cause du vase qu'il porte ; mais le caractère des contours est trop fort pour ce sujet. Pour quoi l'a-t-on pris pour un Achille qui regarde le Vase, que Nestor lui a donné ? On voit ce même sujet dans quelques pierres gravées, mais le heros à la tête couverte de son casque. Le vas ou *phiole*, contiendra plus tôt l'huile usitée par les Athletes.

La Victoire, statue travaillée d'une manière elegante ; elle tient une couronne de la main droite, & une branche de palmier dans la gauche ; elle n'a point d'ailes, comme quelques autres statues du même sujet, & paroit avoir été faite dans le tems où la Victoire etoit attachée aux armes des Romains ; ou, si elle est greque, c'est un antique du beau tems d'Athène, lorsque ses citoyens faisoient réprésenter la victoire sans ailes, afin qu'elle restat chez eux, ainsi que Pausanias (L. I.) le rapporte. Il y a une pensée heureuse dans l'Anthologie au sujet d'une statue de la victoire, qui eut ses ailes emportées d'un coup de foudre : *Rome reine des Nations*, y est-il dit, *ton nom sera immortel ; la victoire ne peut plus te fuir* … Mus. Flor. P. LXX.

Dame Romaine enveloppée dans sa robe, on l'a nommée recemment, *Sacerdotessa* : pour quoi non pas Mnemosyne ? La draperie en est fort remarquable ; la tête & les mains sont modernes.

Un Athlète nud, comme les precedents.

Pomone dans l'action de marcher légérement ; sa tête est couronnée de fruits & de feuilles : Elle soutient de ses deux mains une partie de sa robe pleine de fruits. Peut être encore, est elle la saison de l'automne.

Uranie, qui est, peut être, la Geometrié, ou l'Astronomie.

Une

Une Bacchante, qui, ainsi que la précédente, est plus grande que nature. Elle est couronnée de lierre, & de pampres, tenant de la gauche le thyrse. Son attitude est celle d'une personne qui va entrer en danse. La tête en est très belle. On l'a decorée depuis peu du nom d'Ariadne: Elle ressemble à la *Cerés* du Musée de Rome Pl. XXVII. qu'on a appellée ainsi, par ce qu'une restauration moderne lui a mis des èpis dans la main. Celle ci tiént des raisins.

Une Vestale tenant d'une main une coupe, & étendant l'autre vers le feu sacré, qui est placé à sa droite : la modestie est peinte sur son visage : toute la figure est belle & noble, & dans la même attitude que la plus part des vestales qu'on voit sur les medailles. On a cru qu'elle étoit Plautille Auguste; mais à plus forte raison on pourroit dire qu'elle répresente la Déesse Vesta elle même: Le voile qui lui couvre la tête est, peut-être, le suffibule decrit par Festus. C'est une des plus rares pieces par son integrité: elle est très bien drapée, ses cheveux sont rangés sous son voile, ce qui sembleroit decider la dispute elevée parmi les antiquaires, si les Vestales laissoient croître leur cheveux, après avoir reçu la tonsure: Mais Lanzi croit que c'est une Plautine : Voyez Mus. Flor. p. 98.

Deux autres Muses, ou du moins devenues telles après la restauration. L'une d'elles ayant une partie du sein à découvert, comme celle du Musée de Rome Plan. XII. a été apelle Venus la victorieuse: Mais on la croit plutôt la Muse Terpsicore.

Hercule avec sa base analogue à ses esploits; celleci est faite pour être isolée, comme elle l'à été autres fois. Pausanias parle d'une statue semblable,

blable, qui existoit dans l'Attique. Une medaille de Maximien le réprésente à peu près tel qu'on le voit ici.

Une Dame en son manteau; la draperie est fort remarquable. On la croit une Junon. (Maffei, et Montfaucon.)

Mercure avec son caducé, et une bourse ec.

Venus nommée di *Belvedere*. Elle tenoit autre fois une pomme dans sa main droite, comme on là voit dans la gravure du Musée Florentin (Planche 3.) ce qui la faisoit croire une Venus victorieuse : on y a recemment changé les bras, faits en stuc, en leurs donnant la même actitude que celle de la fameuse Venus des Medicis. Elle est beaucoup plus grande que nature; on croit que c'est la Venus de Phidias, que l'on conservoit au Belvedere à Rome, et que le zéle de la Religion fit jetter dans le tybre. On la fit restaurer par Ercole Ferrata en 1667. On lui a ajusté depuis peu une tête antique. (V. Gori.)

Venus avec un petit Amour, qui a un flambeau renversé: il y a beaucoup de restauration.

Apollon, qui a un serpent à côté : statue admirable dans ce qui y est antique. Le serpent auprès d'Apolon a été pris pour le simbole de la médécine, car il accompagne toujours les statues d'Esculape. C'est plutôt le simbole de la vie.

Jeune homme avec un oiseau aquatique à ses pieds : la tête, quoiqu'antique, n'est pas la sienne : et comme elle est couronnée de laurier, c'est pour quoi on l'a cru faussement un Apollon, dit de *Villa Medici*. Fabbroni a prouvé qu'il étoit le Genie de Rome. (Voyez sa *Diss.* avec une *Planche.*)

Dans

- Un petit Amour tout à fait charmant; statue antique. Il semble menacer les dieux: on y admire l'expression de malice que les poëtes donnent à Cupidon.

Bacchus s'appuyant sur un jeune Faune. On ne sauroit rien voir de plus gracieux. C'est un groupe grec, & du tems, où les art fleurissoient le plus en Grece. Le Dieu appuye la main sur l'epaule du petit Faune, qui est à côté, comme pour l'engager à le suivre: ce petit Faune a l'air riant, & malin; il tient à la main un vase qu'il montre à Bacchus: à coté de lui, contre un tronc d'arbre, sont, le bâton recourbé, et une flute à dix tuyaux, singularité bien remarquable, si ce n'est point une equivoque de l'artiste. Le Groupe analogue, qui est dans le Musée de Rome, Pl. 42. diffère principalement de celui-ci en ce que Bacchus y est pieds nuds, et celuï de la Galerie a des cothurnes de chasse. C'est par erreur que dans le musée ci-dessus on dit que la tête de ce Bacchus ne lui appartient pas, puisqu'elle est du même bloc.

Bacchante dans l'action de sauter: Un Lynx est à ses pieds. Sa draperie agitée par le vent, augmente beaucoup le mérité de cette belle statue, qui est gravée dans le Mus. Flor. pl. 56. 57.

Mercure, dont on a fait une copie en bronze pour le cabinet Farnese. Je doute qu'en origine il ait été un Bacchus: car entr'autres observations qu'on pourroit faire, on remarque qu'il a une peau de chevre jettée sur le tronc, sur le quel il s'appuye du bras droit. Il a le chapeau ailé. Il

paroit

paroit être le Mercure pacifique, qui a été représenté sur quelques medailles. On doit remarquer sa phisionomie : car Clement d'Alexandrie dit que tous les simulacres de Mercure se faisoient ressemblants à Alcibiade.

Femme qui tient une Oie dans son giron : Sa poitrine ; la main qui se perd dans la plume ; & la draperie, sont d'une grande beauté. La gorge semble gonflée par le souffle de la volupté : son visage respire le plaisir, & cet anéantissement inconcevable & delicieux, qui suit le plaisir. On a pris communement l'Oïe pour un Cygne : & on en a fait une Leda : mais Fabbroni, dans une Brochure publie par Cambiagi, a prouvé d'une manière ingenieuse, que cette statue réprésente une *Venus Lamie* ; sujet trés-rare.

Un Jeune homme avec un oiseau aquatique, semblable par son attitude a celui qu'on a décrit plus haut (Genie de Rome) la tête en est antique. Fabbroni dans sa dissertation donne le dessein de quatres de ces statues, qui representent le même sujet, mais qui ne sont pas plus copie l'une de l'autre, que ne l'est la figure du Père eternel faite par Albert Durer, & par Raphael. Il y a une cinquième repetition de cette statue à Florence dans la grande salle du Vieux Palais : même attitude ; même attribut. Il ressemble un peu à la figure n. II. de la dissertation de Fabbroni, & en differe par le mouvement & position de la tête. Pour quoi est-ce-qu'on a tant répété un sujet inconnu jusqu'à present ? Cette multiplication même atteste de l'interêt de la representation simbolique, & donne un fort appuy à la conjecture ingenieuse de Fabbroni, qui veut qu'elle soit celle du

simulacre

simulacre du Genie de la ville de Rome. Le cèlébre & savant Addisson, rendoit raison de cette multiplication du même sujet par une voie tout-à-fait differente . ,, D'où vient, disoit-il, que tant non seu-,, lement de ces statues, mais aussi de celles, qui ,, n'avoient aucun rapport, ni à l'interêt, ni à la de-,, votion du proprietaire, sont taillées sur le même mo-,. dèle? Par exemple: Cleopatre mourante, Narcisse, ,, le Faune s'appuyant contre le tronc d'un arbre; un ,, Enfant avec un oiseau à la main; Leda & son Ci-,, gne; & plusieurs autres de cette nature. J'avoue ,, que j'ai toujours regardé les figures de cette sorte, ,, comme des copies de quelque Chef-d'-oeuvre fort ,, rennomé; & je ne doute point que ces copies ,, n'ayent été autant d'originaux de plusieurs statues ,, que nous voyons avec le même air, même postu-,, re, & la même attitude. Ce qui me confirme dans ,, cette conjecture, c'est qu'il y a quantité d'ancien-,, nes statues de la Venus des Medicis; du Silène ,, avec le jeune Bacchus entre ses bras; du Hercule ,, Farnèse; d'Antinous, & d'autres beaux originaux ,, des Anciens Artistes, qu'on a tirés des decombres ,, qui les cachoient. J'en ai remarqué un plus grand ,, nombre qui sont du dessein de la Venus des Me-,, dicis, que d'autres; ce qui me fait conclure que ,, c'etoit la statue la plus célèbre, tant parmi les an-,, ciennes, que parmi les modernes. Les Sculpteurs ,, avoient contume de travailler sur les meilleurs mo-,, dèles, & les curieux d'en avoir des copies. ,,
Quoique nous trouvons très raisonnable le systè-me d'Addisson, nous ne pouvons pas être entiere-ment de son avis parceque s'il ne s'agissoit que de copies, elles seroient toutes semblables à leur type; au lieu que ce que nous avons sont, des repetitions

du

du même sujet, qui portent le caractère de l'originalité dans les differences qu'on y remarque.

Un Autel où l'on voit Alceste, qui preserve de la mort son mari Admète, en se sacrifiant pour lui : c'est l'ouvrage de Cleomène ; comme on voit par l'inscription. On sait qu'Apellon obtint des Parques de prolonger le terme fatal de la vie d'Admète, s'il y avoit une victime spontanée à sa place. Alceste sa femme se sacrifia pour lui : Mais Hercule la retira des Enfers & la rendit à son Epoux.

Venus Anadiomène, ou sortant de l'eau, comme dans le tableau d'Apelle, dont il est parlé dans Pline : Maffei la fit graver, comme une des meilleures statues, que l'on connût. (*Mus. Fl.* 33.)

Minerve : ou *Pallas Athenas*, tête avec une expression vraiment divine, & d'un travail admirable, mais elle porte l'empreinte de la douleur, tournant un regard passionné vers le Ciel : il paroit qu'elle n'appartient pas à la figure de la Déesse. La Corneille etoit l'oiseau, qui en accompagnoit le simulacre ; mais après l'accusation des filles de Cecrops, Minerve prit en sa place la Chouette, qu'elle a à ses pieds. Elle est posée sur une petite urne quadrangulaire, très-élegante, qui porte une inscription à *Marc Ulpio Terpno*. Il y a en reliefs des Bacchantes, ou Menades dont la fureur bacchique passe tout ce que nous pouvons immaginer en ce genre. La plus furieuse, les cheveux epars & flottans, tient une epée, & une tête humaine qu'elle vient de couper. L'autre porte sur l'epaule un thyrse, & une *patère* ; la troisième danse, & la quattrieme joue du Cimbal. Tite Live rapporte que dans ces Bacchanales où se passoit des choses infames, & où ces furieux de l'un & l'autre sexe, s'abandonnoient aux crimes les plus horribles,

D

on

on immoloit ceux que des sentiments d'honeur, &
de pudeur rendoient plus retenus que les autres. Mais
pour quoi est-ce, que ceux, qui avoient des sentimens
si beaux se rendoient à ce genre de fêtes ?

Un Tripode (dedié à Mars) en marbre, sur le quel
il y a trois génies: l'un d'entr'eux tient un bouclier,
l'autre un casque, le troisième une épée. Il est decrit par Montfaucon dans ses Antiq. expl. T. 3. pl. L.
L'erreur de quelques antiquaires, qui ont pris l'epée
ci dessus pour une rame pour en faire un hautel de
Neptune, est une preuve du peu d'attention qu'on
porte aux accessoires, d'où depends souvent l'explication du sujet.

Bacchus: dit de *Villa Medici*. Winkelmann en fait
des Eloges (v. *Gori*). Le Dieu est couronné de pampres
et de corymbes, ou grains de lierre ; il tien de la main
droite une grappe qu'il éleve en la regardant. Il
porte attaché à son col un havresac, fait en peau
peut-être, de chevre, dont les pieds paroissent sur
son epaule. Cet havresac repose sur un tronc d'arbre entortillé par un cep de vigne d'où pendent des
grappes : Un Tigre qui est au pied de l'arbre, mange
une de ces grappes. Deux espèces de cornes naissent
sur le front de ce Bacchus, & pourroient indiquer
que c'est un Satyre, ou un Faune, à moins qu'on
ne vueille dire que c'est Bacchus cornu : Quoi qu'il
en soit, cette figure est réprésentée dans la vigueur de la jeunesse.

Ganimède avec l'aigle: statue d'une grande beauté.

Venus celeste à demi-nue, dont on fait beaucoup de cas. On l'appelle aussi Venus pudique : Elle
soutient de la main gauche une belle draperie, qui
la couvre plus haut que la ceinture: le reste est nu:
sa droite est elevée au dessus du front, & paroit
toucher

toucher une touffe de cheveux annelés, rangés d'un
goût different du reste de la coiffure. Elle a la tête
ceinte d'un reseau, ou diadème, qui a été autrefois
colorié en rouge & or, & dans le quel il reste quelques cavités, qui prouvent qu'il a été enrichi de pier-
reries. Dans le bras droit elle porte le bracelet, ou
ceste. Tous les Antiquaires s'accordent à dire que
c'est une Venus: cependant l'air de modestie repandu sur toute la figure, le diadème qu'elle a sur la
tête, le ceste qu'elle porte au bras, ce toupet qui
pourroit bien être une flamme, symbole de l'air, per-
mettoient de conjecturer que ce peut être une Junon
Déesse de l'air. (v. *Gori*)

Un beau *Torse de Faune*: celui-ci faisoit autrefois l'ornement de la Galerie Gaddi.

Dans le corridor du côté du couchant.

Deux Marsias, dont l'un exprime dans les traits
du visage une calme trop tranquille pour sa situation:
(voyez Maffei), l'autre est singulier pour la couleur
du marbre, qui imite un peu la chair: Cette derniere
statue merite d'être remarquée par les muscles, &
les veines qui sont à decouvert: il semble qu'Ovide
l'eut sous les yeux, lorsqu'il parla de la defaite de
Marsias, de son supplice, & de ses plaintes. Le premier de ces deux Marsias, ou celui en marbre blanc,
fut restauré par Donatelle: & celui en Marbre rouge
par Verrocchio.

Nimphe assise sur un cheval marin: morceau
extremement rare. C'est, peut-être Thetis, ou Do-
ris, que Propèrce, Catulle, & Ovide ont decrit dans
cette attitude.

Higia, la compagne d'Esculape: Elle donne à

 manger

mang*r au Serpent. L'ajustement de ses cheveux est
très remarquable: (Mus. Flor. P. 24.) & la draperie
en est fort belle.

Narcisse à genoux: La tête d'un travail moderne, d'une expression tout-a-fait passionnée; Le bras
droit est moderne aussi. Le corps de cette statue est
dans une attitude genée, mais très beau: on y retrouve toutes les perfections qu'Ovide a données à
Narcisse dans les Methamorphoses: Des doigts di-
gnes de Bacchus: des cheveux aussi beaux que ceux
d'Apollon: le visage le plus charmant: un col d'ivoi-
re . . . . Mais ce qui est bien exprimé, c'est l'espéce
d'etonnement & les desirs insensés que semble lui in-
spirer sa propre beauté, en se mirant dans l'eau.

Jupiter: il faut sur tout remarquer la majeste de
son visage. Il a la poîtrine & le bras droit découvert: & un manteau jétté sur l'epaule, & sur le
bras gauche.

Minerve: On doute beaucoup si c'est une statue étrusque, ou greque antique. La tête surpasse
infiniment le stile du reste.

Junon; beaucoup restaurée.

Un Soldat pliant à terre un genou, la cuisse
gauche percée d'une fléche, dont il reste encore
un morceaux. Il leve le bras droit, & tient un
bouclier du gauche: cette figure réprésente un Soldat etranger, ou un Gladiateur, n'ayant rien de
l'habillement romain. La chaussure est dans le goût
grec. On sait que les Romains faisoient combattré
comme gladiateurs, les prisonnier de güerre: &
une statue de ce genre paroit avoir été employée
à la decoration d'un théatre, ou d'un cirque. Mus.
Flor. P. LXXVII.

Un Ieune homme, qui est habillé dans le goût
de

de Mercure, & qu'on avoit pris pour un Camille, ou pour un prêtre, ou autre jeune homme destiné à servir dans les sacrifices : Statuè bien rare : l'habit particulier à cet état, lui couvre tout le corps, même les bras, & les mains : il a l'air de l'attention & du respect : Les cheveux courts, & lisses : la manière simple de la draperie, est dans le goût Etrusque. Si les pieds ne fussent pas modernes, les *talares* qui y seront attachés dissiperoient tonte doute.

Apollon assis, prêt a jouer de la Lyre : il est nud : son corp est de la plus belle forme. (Mus. Flor. P. XII.) On remarque l'indication de cinq cordes sur la lyre. Si la tête qu'on a mis à cette statue lui appartient vraiment, je la croirois plutôt un Orfée qu'un Apollon. Le serpent, qui est à ses pieds est l'ouvrage d'un artiste moderne.

Apollon debout ; tout est ici charmant ; la lyre moderne, sur la quelle il appuye la main gauche, n'est pas digne de lui.

Deux statues d'*Esculape* ; la tête en est majestueuse : la draperie noble & simple : la chaussure de la première, merite un attention particuliere. La forme de ce Dieu de la Médecine ressemble à celle qu'on voit sur les medailles greques & romaines ; la barbe en est longue, & epaissé ; le bras gauche appuyé sur un gros bâton noueux, autour du quel un Serpeut se tortille...

Olinthe assis.

Apollon ; le manteau jetté sur le bras gauche ; ou, peut être, un Marc-Aurele dans l'adolescence : Il est nu, & tient un globe en main ; Il paroit avoir été destiné pour quelque temple. Il est dans le goût romain du meilleur temps. Mus. Flor. Pl. VIC.

Bacchus groupè, peut être avec Ampelus, ou
Acratus.

Acratus. Il tient de la main gauche une coupe ; &
une peau de chèvre est jettée avec grace sur son
epaule du même côté. Il appuye la main droite sur
la tête de l'enfant, avec un masque : l'enfant quelqu'il
soit, est assis sur une urne : il embrasse la jambe
droite du Dieu, & a ses deux mains sur un trophée
formé de raisins, d'une tête de Sanglier, & de deux
masques de Satyr & de Faune. Il regarde Bacchus
d'un air gai & malin. Ce morceau, antique, pour la
plus grande partie, a été restauré habilement. On
croit que ce Bacchus tenoit une flute dans sa gauche, au lieu de la tasse qu'il porte actuellement.

Autre Femme avec un Oie dans la main ; equi-
voquée pour une *Leda*, comme celle dont on a parlé deja : Fabbroni, qui en a donné la gravure dans
l'ouvrage deja cité, dit que ce n'est qu'une repetition
du simulacre de *Lamie*, au quel l'Artiste grec ajouta
le dauphin caracteristique de Venus. On voit dans
le Musée de Rome Pl. LI. la statue de Julie Soemie
qu'on voulut rappresanter comme une Venus, & conse-
quemment on y ajouta le dauphin & un petit Amour.
Elle est, d'une plus petite proportion que la prece-
dente : la draperie qui lui pends de l'epaule gauche
jusqu'aux talons, est heureusement plissée. L'oiseau
qu'elle tient, est decidement une Oie. Montfaucon
dit des Erudits de son temps, qu'il y en avoit qui le
prenoient pour un Pigeon & pour une Cigne : „ la
„ verité est, dit-il, que cet oiseau n'a l'air ni de l'un,
„ ni de l'autre. „ *V. Simulacro di nuova Venere ec.*

Apollon en repos ; le pied droit sur une tortue,
qui semble moderne . . . . . .

Melpomene, ou plûtot *Clio*, faite par Atticia-
nus, médiocre Sculpteur grec, du troisième, ou quat-
trième siecle, suivant Buonarroti. Il est à remarquer

que

que l'habillement de cette figure n'est ni une *Stole*,
ni une *tunique* .

Une Cuirasse, ou un Trophée militaire.

Bacchus de Michelange : Il est le Dieu de la joie,
mais le ciseau sublime de cet auteur ne sut jamais
se plier au style doux & delicat ; aussi ce Bacchus
a-t-il quelque chose, qui se ressent de la fierté de
son auteur, & c'est par là même, qu'il ne perd point
de prix au milieu de tant de belles statues antiques.
Il est couronné de lierre, et de pampres, tenant à
la main droite une coupe, et de la gauche des grappes de raisin, qu'un petit Satyre, qui s'enveloppe
dans une peau de chevre, tache de goûter .

Autre Bacchus du Sansovin ; les formes, et l'action sur tout, en sont très élégantes : Vasari a beaucoup célébré cette statue ; elle mérite assurement
l'attention la plus réflechie de la part de ceux, qui
veulent se former d'aprés les grands artistes. Barto-
lini, le donna à Côme I. L'incedie qui eut lieu le 14.
Aôut 1764, endommagea beaucoup cette piéce, qui
a été parfaitement bien restaurée ,

Laocoon, que Baccio Bandinelli copia en 1550,
de l'original qui etoit à Rome. Et puis transporté
à Paris. En etudiant avec soin ce beau travail, on
doit dire que jamais on n'a fait une plus belle copie
d'un des plus admirables chefs d'oeuvres de l'antiquité.
Ce groupe passe pour avoir été fait originellement
par Polidore, Athenodore, & Agesandre qui semblent
avoir travaillé, comme à l'envi pour laisser un monument qui repondit à l'admirable description qu'en fait
Virgile. Laocoon etoit prètre de Neptune : Il alloit
lui Sacrifier un taureau, lorsque deux Serpens, qui
avoient traversé à la nage le bras de mer qui est
entre l'Isle de Tenedos et le continent, se saisirent
de

de ses deux fils, jeunes garçons, présens au sacrifice, ainsi que le Laocoon lui même qu'il dechirent cruellement. Si ce que Pline dit de ce groupe est vrai, celui même de Rome, ou de Paris, n'est qu'une copie aussi soigneusement faite, que celle de Bandinelli, ou une repetition executée par les auteurs eux mêmes; car l'original etoit tiré d'un Seul bloc.

David sortant victorieux du combat avec Goliat par Donatello Florentin.

S. Jean Baptiste exténué per le jeûne; la meilleure pièce que Donatelle ait fait, à l'exception de celle qui est dans la maison Martelli.

Enfant qui dort; en marbre noir: Il est fourni de deux grandes ailes, il tient deux pavots et la corne des songes; c'est pour quoi il a été pris pour Morphée: on l'a cru fait en pierre de touche ou en marbre Tenarien; mais Fabbroni, dans une note jointe à la traduction Italienne des ouvrages de Bergman, assure qu'est de marbre Obsidien.

Un autel qu'on voit être dediè au Lare d'Auguste. Il est gravé par Boissart: sous l'inscription sont deux figures couronnées, dont l'une tient d'une main une soucoupe, et de l'autre une corne à boire: l'autre tient aussi une pareille corne, ou un Vase. Ils sont preparés, peut être, pour faire une libation. L'inscription marque que ce marbre fut posé l'an 13. d'Auguste; c'etoit Antonin le pieux, sous le consulat de Plautius Sylvanus, l'an 156. de I. C. Cette chronologie souffre des difficultes considerables. L'autre côté de l'autel presente une victoire ailée, auprés d'un trophée. Le côté posterieur porte une belle couronne de chêne, entre deux oliviers un *prefericule*, et une *patère*. Il y a une vingtaine d'inscriptions en marbre, dont quelques unes servent de piedestal à des Bustes, ou à des Statues.

www.ingramcontent.com/pod-product-compliance
Ingram Content Group UK Ltd.
Pitfield, Milton Keynes, MK11 3LW, UK
UKHW021502090726
13657UKWH00003B/1491